Ballett
und Tanz

Ravensburger Buchverlag

Inhalt

Ballett und Tanz	**8**
Wie fange ich an?	11
Alles ist in Bewegung	12
Barfuß auf dem Boden	12
Das richtige Alter	13
Das Tanzstudio	**15**
Aufwärmen und Übungen an der Stange	16
Mein Freund, der Spiegel	16
Rutschfeste Schuhe	17
Richtig angezogen von Kopf bis Fuß	**19**
Wie eine Zwiebel	20
Die richtigen Schuhe	21
Frisuren	21
Es geht los!	**23**
Der unsichtbare Faden	24
Der Ententanz	24
Zeichensprache	25
Schritt für Schritt	**27**
Das Enchaînement	28
Unsere tierischen Freunde	28
Vom Schritt zur Choreografie	29
Sprünge und Drehungen	**31**
Mit Schwung aus den Knien	32
Drehungen, Pirouetten und Kapriolen	32
Schwebend tanzen	33

Ein Abend in der Oper	**35**
Vorhang auf!	36
Die Stücke	37
Held und Heldin	37
Von der Elevin zur Primaballerina	**39**
Junge Tänzerinnen	40
Die Anforderungen	40
Die Ausbildung	41
Eine starke Truppe	**43**
Künstlerische Arbeit	44
Üben, üben, üben	44
Nichts geht ohne Musik	45
Tanzen vor Publikum	**47**
Der Spitzentanz	48
Die Kostüme	48
Die Generalprobe	49
Tänze rund um die Welt	**51**
Von einem Kontinent zum anderen	52
Heimweh	52
Ganz allein	53
Das große Tanz-Quiz	**54**
Lösungen	**58**
Glossar	**59**

Ballett und Tanz

Schon in grauer Vorzeit haben sich Menschen vor der Jagd im Kreis aufgestellt und sich zum Klang von Trommeln und dem Singsang eines Priesters rhythmisch bewegt. Dabei riefen sie die Geister an, um sich Mut zu machen.

Bis heute wird überall auf der Welt getanzt, egal ob in Afrika, in Amerika, in Asien oder anderswo. Oft tanzt man aus einem besonderen Anlass, wie zum Beispiel nach einer Geburt. Noch vor hundert Jahren war der Hochzeitstanz für die Bauern eine der seltenen Gelegenheiten, bei denen sie für eine kurze Zeit ihr hartes Leben vergessen konnten. Ausgelassen hüpften sie
herum und drehten sich im Kreis.

Oft ist Tanzen Ausdruck von Vergnügen und Lebensfreude, zum Beispiel im Karneval, bei Familienfesten oder in Diskotheken – es gibt viele Gelegenheiten, wo man beim Tanzen seine Sorgen vergessen kann.

Tanzen kann aber auch eine Kunst sein, die vor Zuschauern aufgeführt wird. Lange Zeit war dieses Vergnügen den Adligen und Reichen vorbehalten, die Tanzdarbietungen sehr schätzten. Ballett zu tanzen oder sogar Primaballerina zu werden, ist ein weiter Weg, der nur mit viel Glück und Können auf der Bühne endet.

Die Mitglieder des Londoner Royal Ballet tanzen Elite Syncopations, eine Choreografie von Kenneth MacMillan, zur Musik von Scott Joplin, einem Ragtimekomponisten, ein Musikstil, der dem Jazz verwandt ist.

Wie fange ich an?

Schon ganz kleine Kinder singen und tanzen gerne. Es macht Spaß und sie haben dadurch die Möglichkeit, mit anderen Kindern in Kontakt zu kommen. Einige wollen es später noch genauer wissen und richtig tanzen lernen. Wie ein Kätzchen hüpfen, die Hacken zusammenschlagen, wie eine Schlange den Bauch zu bewegen, rhythmisch in die Hände klatschen und graziös den Kopf hin und her wiegen – für jede Musik und jeden Tanzstil lernt man eine spezielle Technik. Denn wer mit Bewegungen und Gesten eine Geschichte erzählen oder Gefühle ausdrücken möchte, der braucht einen Lehrer. Egal, ob Hip-Hop, Bauchtanz, klassisches Ballett oder Flamenco: Um perfekt zu sein, muss man viele Jahre üben.

Beim klassischen Ballett ist die Position der Füße sehr wichtig. Sie sollten mit dem gestreckten oder dem gebeugten Bein immer eine gerade Linie bilden.

Welche Eigenschaft sollte der Körper eines Tänzers haben?

1: Schwerfälligkeit
2: Beweglichkeit
3: Unbeweglichkeit

Der Jazztanz

Meine Geburtsstunde:
Ich bin im frühen 20. Jahrhundert in den USA entstanden.

Meine Wurzeln:
Ich bin eine Mischung verschiedener Kulturen, meinen kraftvollen Rhythmus verdanke ich den Tänzen der afrikanischen Sklaven auf den Baumwollplantagen und die Schrittfolgen den europäischen Einwanderern.

Meine Verwandten:
Swing, Charleston, Rock 'n' Roll und Modern-Dance

Meine besonderen Merkmale:
Bei mir geht es nicht so sehr um vorgeschriebene Bewegungen und eine festgelegte Körperhaltung. Was zählt, sind Rhythmus und Tempo.

Beweglichkeit ist für einen Tänzer besonders wichtig.

Alles ist in Bewegung

Der Geiger hat für seine Musik ein Instrument, der Tänzer dagegen nur seinen Körper, um auszudrücken, was er vermitteln will. Er muss ihn ganz genau kennen, bevor er auf der Opernbühne herumwirbeln kann. Mit gezielten Übungen kann er Kraft, Körperkontrolle und Balance verbessern. Denn selbst ganz ruhig stehen zu bleiben oder mit gekreuzten Beinen und geschlossenen Augen dazusitzen, ist anstrengend! Wir wissen oft gar nicht, wie viele Muskeln wir brauchen, damit unser Körper sich bewegt.

Der Rücken gerade, die Schultern energisch nach hinten gezogen, der Hals gestreckt: So muss die Haltung eines Tänzers aussehen.

Barfuß auf dem Boden

Um ein wirklich guter Tänzer zu werden, sollte man schon im Alter von drei Jahren mit rhythmischer Gymnastik beginnen. Irène Popard hat diese Bewegungsübungen zu Beginn des 20. Jahrhunderts erfunden, ihr Vorbild war die berühmte Barfußtänzerin Isadora Duncan. Damals trugen die Frauen sehr enge Kleidung, die jede Bewegung behinderte. Irène Popard hat sich gymnastische Übungen für kleine Mädchen ausgedacht, damit sie sich beim Tanzen frei entfalten können. Heute ist die rhythmische Gymnastik eine anerkannte Methode, den Körper auf sanfte Art und Weise für das Tanzen vorzubereiten.

Kinder von drei bis fünf lernen, sich im Rhythmus der Musik harmonisch zu bewegen.

Das richtige Alter

Tanzen lernen heißt üben, üben und nochmals üben. Aber übertreiben darf man es auch nicht, denn die Verletzungsgefahr ist groß. Es ist ganz und gar nicht normal, beim Tanzen Schmerzen zu haben. Mit acht Jahren kann man sich an die komplizierteren Übungen wagen, die zum Beispiel für das Ballett wichtig sind. In diesem Alter ist der Körper schon stabil, gleichzeitig aber auch sehr gelenkig und biegsam. Und man kann damit beginnen, die Fußmuskeln zu trainieren, damit man später Spitze tanzen und eine echte Ballerina werden kann.

In Kambodscha wird beim klassischen Tanz großer Wert auf die Handhaltung gelegt. Diese jungen Tänzerinnen lernen ihre Arme graziös zu halten.

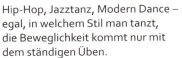

Hip-Hop, Jazztanz, Modern Dance – egal, in welchem Stil man tanzt, die Beweglichkeit kommt nur mit dem ständigen Üben.

Das Tanzstudio

In der Ballettstunde sollen die Schüler lernen, sich geschmeidig zu bewegen, die Arme ganz weit nach oben zu strecken und so hoch in die Luft zu springen, wie es geht! Das Tanzstudio, in dem sie mit dem Lehrer üben, sollte darum ein großer Saal mit einer hohen Decke sein. Der glatte Holzfußboden erlaubt es den Tänzern, mit ihren Ballettschuhen elegant über den Boden zu gleiten. Er muss außerdem elastisch sein und beim Aufsetzen der Füße etwas nachgeben.

Allerdings gibt es Tanzstudios nicht in jeder Stadt. Oft müssen sich junge Tänzer mit einer ruhigen Straßenecke begnügen, wo sie ihren CD-Player aufstellen können. Hip-Hop oder Samba kann man überall üben!

Tanzen wird an ganz verschiedenen Orten unterrichtet: in Privatkursen, an staatlichen Schulen oder an Hochschulen. Es gibt sogar Akademien für zukünftige Profitänzer.

Welches Gerät braucht ein Tänzer zum Üben?

1: Stange
2: Seitpferd
3: Schaukel

Der Samba

Meine Geburtsstunde:
Ich wurde zu Beginn des 20. Jahrhunderts in den Armenvierteln Rio de Janeiros geboren.

Meine Wurzeln:
Das Wort „Samba" kommt aus einem afrikanischen Dialekt und bedeutet „Bauchnabel". Ich habe Ähnlichkeiten mit einem heiligen Tanz, den die Sklaven aus Afrika mitgebracht haben, und bestehe aus schnellen verkreuzten Schritten.

Meine Verwandten:
„Straßensamba" wird meistens alleine getanzt, den „Samba de couple" oder den „Brasilianischen Tango" tanzt man zu zweit.

Meine besonderen Merkmale:
Ich bin eines der Symbole Brasiliens und bei allen Festen dabei, vom Karneval bis zum Fußballspiel.

Jede Ballettstunde beginnt an der Stange.

Egal ob groß oder klein: Jede Ballettstunde beginnt mit dem Aufwärmen und dem Dehnen an der Stange.

Aufwärmen und Übungen an der Stange

Eine Ballettstange ist aus Holz und an der Wand des Tanzstudios befestigt. Sie dient den Tänzern bei den Aufwärm- und Dehnungsübungen als Stütze. Sie sollte in der richtigen Höhe angebracht sein, etwa zwischen Taille und Hüfte. So kann der Tänzer sich nach vorne, nach hinten oder zur Seite beugen, ohne die Stange loszulassen. Manchmal sind auch mehrere Stangen in verschiedenen Höhen angebracht, damit jeder die für ihn passende finden kann. Vor Erfindung der Ballettstange benutzten die Tanzlehrer Tische oder Stühle, um den Schülern eine aufrechte Haltung, Sprünge und Drehungen beizubringen.

Mein Freund, der Spiegel

Vor dem Spiegel gibt es kein Entkommen! Normalerweise ist eine ganze Wand des Übungsraums verspiegelt. Die Tänzer stehen mit dem Gesicht oder seitlich zum Spiegel und können sich beim Trainieren beobachten. Auf diese Weise kann man am besten seine Haltung überprüfen. Ballettlehrer arbeiten häufig mit dem Spiegel, um die Bewegungen der Schüler Schritt für Schritt zu verbessern. Beim zeitgenössischen Tanz sind perfekte Haltung und vorgeschriebene Bewegungen weniger wichtig. Hier wird besonderer Wert darauf gelegt, dass jeder Tänzer seine Gefühle und Empfindungen durch den Körper ausdrückt.

Rutschfeste Schuhe

Im Tanzstudio steht in einer Ecke oft ein Behälter mit weißem Pulver. Das ist Kolophonium. Es wird aus dem Harz von Kiefern, Fichten und Tannen gewonnen und ist deshalb etwas klebrig. Die Tänzer reiben ihre Schuhe innen und außen damit ein, um nicht auszurutschen. Tanzt man zu zweit, werden auch die Hände eingerieben. Auf diese Weise kann man seine Partnerin besser hochheben oder drehen. Anfänger brauchen noch kein Kolophonium, da durch einen zu festen Stand Korrekturen an falschen Haltungen schwieriger sind.

Schon in der Antike war die griechische Stadt Kolophon, die heute in der Türkei liegt, für ihre Nadelbäume berühmt. Von ihr hat das Kolophonium seinen Namen.

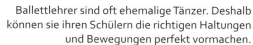

Ballettlehrer sind oft ehemalige Tänzer. Deshalb können sie ihren Schülern die richtigen Haltungen und Bewegungen perfekt vormachen.

Richtig angezogen von Kopf bis Fuß

Mädchen oder Junge, Rock oder Hose? Bei der Tanzkleidung spielt das keine Rolle. Sie muss auf alle Fälle bequem sein, damit man sich gut bewegen kann. Meist trägt man ein T-Shirt und eine Trainingshose, die an der Taille eng sitzen muss, damit sie beim Sprung nicht verrutscht. Beim klassischen Ballett ist das anders. Der Lehrer muss den ganzen Körper genau beobachten und schauen, ob zum Beispiel die Arme und Beine richtig gebeugt oder gestreckt sind. Ideal ist ein eng anliegender Gymnastikanzug, am besten in Schwarz. Das ist eine Art Strumpfhose, die von den Schultern bis zu den Füßen reicht und die Körperform unterstreicht. So kann der Lehrer jeden Fehler sofort erkennen und korrigieren!

Der Gymnastikanzug ist nicht nur für das Balletttraining geeignet. Beim Modern Dance wird er auch auf der Bühne getragen, oft in kräftigen Farben.

Was tragen die Tänzer, um die Beinmuskeln warm zu halten?

1: Fellsocken
2: Wärmflaschen
3: Stulpen

Der Stepptanz

Meine Geburtsstunde:
Ich wurde Mitte des 19. Jahrhunderts in den USA geboren.

Meine Wurzeln:
Ich gehe auf Tänze zurück, die irische Bauern nach Amerika mitgebracht haben. Ihre Holzschuhe machten auf dem Tanzboden ein klapperndes Geräusch. Außerdem flossen afroamerikanische Elemente in mich mit ein.

Mein Verwandter:
Der Jig, ein traditioneller Männertanz aus Irland.

Meine besonderen Merkmale:
Unter den Tanzschuhen befinden sich Metallplatten, die das typische Geräusch entstehen lassen.

Um die Beinmuskeln warm zu halten, tragen die Tänzer Stulpen.

Wickeloberteile und Stulpen sorgen dafür, dass die Muskeln warm bleiben.

Wie eine Zwiebel

Die Kleidung eines Tänzers erinnert ein wenig an eine Zwiebel. Er trägt verschiedene „Häute" übereinander. Wenn der Körper sich aufwärmt, werden diese Schicht für Schicht ausgezogen. Die Stulpen, lange Wollstrümpfe ohne Füße, sollen die Beine wärmen. Die Mädchen tragen oft Bodys und Leggings. Die gibt es in allen möglichen Formen und Farben, mit und ohne Ärmel. Um nicht zu frieren, tragen die Mädchen zusätzlich Armstulpen oder Wickeloberteile. Die Jungen tragen einen Pulli oder ein Sweatshirt über dem Gymnastikanzug.

Jeans, Trainingsjacke und Turnschuhe: Das perfekte Hip-Hop-Outfit.

Die richtigen Schuhe

Bei Ballettaufführungen an den Fürstenhöfen trugen die Tänzer früher Schuhe mit Absätzen. Eines Tages hatte die Tänzerin Marie Camargo eine Idee. Um sich leichtfüßiger bewegen zu können, machte sie die Absätze kürzer. Seit dem 19. Jahrhundert ist der klassische Ballettschuh weich und ganz flach, damit man über den Boden gleiten kann. Beim Hip-Hop sind Turnschuhe angesagt, beim Flamenco werden Schuhe mit mittelhohem Absatz getragen. In Indien tanzt man mit nackten Füßen, die mit Glöckchen geschmückt sind. Oft geben die Füße sogar den Takt an, wie ein Begleitinstrument.

Manchmal probieren die Tänzer viele verschiedene Modelle aus, bis sie die richtigen Schuhe gefunden haben.

Frisuren

Warum werden zum Tanzen die Haare zusammengefasst? Ganz einfach: damit sie nicht vor den Augen hängen. Die Regeln des klassischen Balletts sind in diesem Punkt sehr streng, lange offene Haare sind nicht erlaubt. Mit kurzen Haaren gibt es keine Probleme. Aber für lange Haare empfiehlt sich ein Dutt, zum Beispiel der „Bananendutt" oder der „spanische Dutt", der ganz oben auf dem Kopf sitzt. Auch Zöpfe sind erlaubt. Beim Hip-Hop allerdings geht nichts über eine Kappe auf dem Kopf.

Bei Aufführungen werden die Haare mit Festiger eingesprüht und mit einem Haarnetz zusammengehalten. So hält der Dutt bombenfest!

Es geht los!

Kein Tänzer geht auf die Bühne, ohne sich vorher aufzuwärmen! Das gilt aber auch für das Training. Der Tänzer dehnt sich, aktiviert die Muskeln und lockert die Gelenke. Auf diese Weise lernt er auch seine Grenzen kennen und weiß, wie weit er gehen kann, ohne sich zu verletzen, denn Müdigkeit macht den Körper empfindlich und die Verletzungsgefahr steigt. Genauso wichtig ist es, die richtige Balance zu finden. Der Tänzer schaut in den Spiegel und versucht die Position zu ermitteln, von der aus er sich in alle Richtungen bewegen kann, ohne umzukippen.

Das „Spielbein", das Bein, das arbeitet, liegt auf der Stange. Auf dem anderen ruht das Körpergewicht, man nennt es das „Standbein".

Die Capoeira

Meine Geburtsstunde:
Ich wurde zu Beginn des 17. Jahrhunderts in Brasilien geboren.

Meine Wurzeln:
Die schwarzen Sklaven erfanden diesen Kampftanz, um Streitigkeiten untereinander zu verheimlichen, denn die waren ihnen von ihren Herren verboten.

Meine Verwandten:
Die ursprüngliche Version der Capoeira heißt „Angola". Der „Regional" sieht spektakulärer aus.

Meine besonderen Merkmale:
Ich verbinde Tanzbewegungen mit akrobatischen Elementen wie Pirouetten, angedeuteten Kampftritten, Beinscheren, Luftsprüngen oder Überschlägen.

Was genau bedeutet „Balletthaltung"?

1: Eine besonders aufrechte Körperhaltung
2: Eine Ballettstange, an der man sich hält und abstützt
3: Die Art, seine Ballettschuhe zu tragen

Die Balletthaltung ist eine besonders aufrechte Körperhaltung.

Gar nicht so einfach, die Balance zu halten! Auf einem Bein zu stehen, ist eine gute Gleichgewichtsübung.

Der unsichtbare Faden

Im klassischen Ballett gibt es viele Regeln, die beachtet werden müssen. Wichtig ist zum Beispiel die aufrechte Körperhaltung, als würde man von einem unsichtbaren Faden am Hinterkopf nach oben gezogen. Der Bauch wird nach innen gezogen, der Kopf, Nacken und Rücken sind gestreckt, die Schultern sinken nach unten. Die Amerikanerin Isadora Duncan hat sich zu Beginn des 20. Jahrhunderts gegen diese Tradition gewehrt. Sie war der Meinung, der Körper müsse sich ohne feste Regeln frei bewegen können. Damit hat sie die Anfänge des *Modern Dance* wesentlich beeinflusst.

Die Demi Pliés oder Grands Pliés sind Kniebeugen zum Aufwärmen, die mit den fünf Fußpositionen kombiniert werden.

Der Ententanz

Die Ballettstunde beginnt mit dem Aufwärmen an der Stange. Erst werden die Schüler langsam mit den Übungen vertraut gemacht, dann beginnen sie die Knie zu beugen, erst nur ein wenig, dann immer tiefer. Schließlich beugen sie die Knie so tief wie möglich oder zeichnen mit den Schuhspitzen kleine Kreise auf den Boden. Alle Schritte des klassischen Balletts beruhen auf fünf Grundpositionen der Füße, die jeder Anfänger lernen muss.

Die einzelnen Fußpositionen sind nummeriert. Bei der ersten Position sind die Füße nach außen gedreht, sodass sie wie Entenfüße aussehen.

Zeichensprache

Auch die Hände spielen eine wichtige Rolle. Sie sollten immer locker und elegant wirken und die Arme optisch verlängern. Es gibt viele Tänze, in denen die Hände „sprechen". Im klassischen indischen Tanz werden Symbole wie der Mond, der Kopf eines Schwans oder eine Lotusblüte mit Gesten dargestellt. Beim Flamenco dienen die Hände als Schlaginstrument. Sie klatschen im Takt der Musik und drücken gleichzeitig Gefühle wie Trauer, Liebe oder Glück aus.

Eine graziöse Armhaltung ist beim klassischen Ballett sehr wichtig. Sie trägt zu Anmut und Harmonie der Körperbewegungen bei.

Schritt für Schritt

Nach den Aufwärmübungen beginnt das richtige Training. Jetzt werden die Schritte einstudiert. Sie bilden die Basis des klassischen Balletts. Die Tänzer müssen dabei lernen, ohne helfende Stange das Gleichgewicht zu halten. Diesen Teil der Ballettstunde nennt man „Milieu". Die Tänzer lernen nicht nur die verschiedenen Schritte, sondern auch, sich ohne Scheu vor dem Spiegel zu bewegen und die Arme in den Bewegungsablauf zu integrieren. Das gibt Sicherheit für die Aufführungen. Jeder Tänzer muss sich die Schrittfolgen genau einprägen – und das im Einklang mit der Musik und schließlich sogar auf der Bühne!

Drehen, die Arme heben, springen, wieder auf den Füßen landen: Die Tänzer üben nun die gelernten Schrittfolgen ohne Stange.

Was sind Enchaînements?

1: Tänzer, die sich an der Hand halten
2: Schrittfolgen
3: Gürtel, damit der Ballettrock nicht rutscht

Der Rock 'n' Roll

Meine Geburtsstunde:
Ich wurde in den 1950er-Jahren in den USA geboren.

Meine Wurzeln:
Ich wurde durch die Musik der Schwarzen in Memphis inspiriert, genau wie ein weißer Sänger namens Elvis Presley.

Meine Verwandten:
Twist, Jerk und Disco.

Meine besonderen Merkmale:
Ich bin ein Tanz für Paare. Getanzt werden besondere Figuren, wie Lasso oder Zig-Zag. Typisch sind häufige Richtungswechsel.

Ein Enchaînement ist eine Schrittfolge.

Das Enchaînement

Ein Tanz besteht aus einer Serie von Schrittfolgen, den Enchaînements. Ganz egal, um welchen Tanz es sich handelt oder wo er seine Wurzeln hat, ob Capoeira, Cha-Cha-Cha, Indischer oder Afrikanischer Tanz, die Bewegungsmöglichkeiten der Arme und Beine sind begrenzt. Es kommt also darauf an, wie man sie miteinander verbindet. Beim klassischen Ballett gibt es für die Schrittfolgen feste Regeln, eine große Hilfe beim Lernen. Seit Jahrhunderten werden die Enchaînements von Ballettmeistern und Lehrern an ihre Schüler weitergegeben und im Training immer und immer wieder geübt.

Der Flamenco kommt aus Spanien und ist eine Mischung aus Gesang, Tanz und Gitarrenmusik. Die Besonderheit liegt in den rhythmischen Bewegungen der Arme und des Oberkörpers in Kombination mit dem Aufstampfen der Füße.

Die Tänzer des Royal Ballet London tanzen im Royal Opera House (Covent Garden) eine Szene aus „Der Feuervogel".

Unsere tierischen Freunde

Jeder Schritt trägt einen Namen. Oft werden sie nach Tieren benannt, wie zum Beispiel nach dem Pferd, das dem „Pas de cheval" seinen Namen gab. Auch der „Kranich", der „Bison", die „Katze" oder der „Schmetterling" gehören zu den klassischen Ballettschritten. Zu Beginn des 20. Jahrhunderts gab es in den USA Paartänze, die nach den Bewegungsformen „Truthahntrott", „Kamelmarsch" oder „Bärentanz" genannt wurden.

Bei einer Aufführung des „Requiem" im Londoner Covent Garden springen vier Tänzer des Royal Ballet synchron in die Luft.

Vom Schritt zur Choreografie

Jeder Schritt hat einen ganz bestimmten Zweck. Mit einigen kann man Schritte miteinander verbinden, andere bezeichnen einfach die Art der Bewegung, wie zum Beispiel die klassischen Begriffe Tombé, Piqué, Chassé, Couru oder Glissé. Basque, Bourée, Mazurka oder Polka beziehen sich wiederum auf andere Tänze.
Der Choreograf ist der Leiter der Ballettkompanie und der Erfinder des Stücks. Er wählt die Musik aus, entwickelt Schrittfolgen und Bewegungsabläufe und kombiniert sie schließlich zu einer Choreografie. Anschließend muss er seinen Schülern die Schritte und Bewegungsabläufe vormachen, um ihnen zu zeigen, was sie tanzen sollen.

Die Grupo Corpo im Sadler's-Wells-Theater in London. Inspiriert wurde diese Choreografie von den Bewegungen von Wasser und Wind und von Motiven auf Gemälden.

Sprünge und Drehungen

Sobald die Tänzer die Schrittfolgen beherrschen, können sie sich einer Spezialität des klassischen Balletts widmen: den Sprüngen. Der „Petit Allegro" steht am Anfang dieser neuen Übungen. Er ist ein einfacher, nicht sehr hoher Sprung. Allez hopp! Ein Kinderspiel: Man springt mit beiden Füßen ab und landet auf beiden Füßen. Ein guter Einstieg für schwierige Sprünge. Abspringen kann man aber auch mit den Händen! Die Füße in die Luft und kopfüber: Beim Hip-Hop oder Capoeira kommt es auf die Kraft der Arme an.

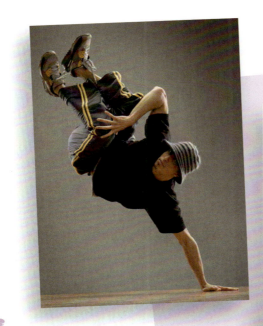

Ein Sprung des Solotänzers Sergei Polunin in „Men in Motion" im Sadler's-Wells-Theater in London.

Wie holt der Tänzer Schwung für einen Sprung?

1: Er beugt die Knie
2: Er benutzt ein Trampolin
3: Er steigt auf einen Stuhl

Der Hip-Hop

Meine Geburtsstunde:
Ich wurde in den 1970er-Jahren im New Yorker Stadtbezirk Bronx geboren.

Meine Wurzeln:
Bei einer Party legte ein DJ Musik auf und eine Gruppe Jugendlicher hatte die Idee, in einer Art Tanzwettbewerb gegeneinander anzutreten.

Meine Verwandten:
Der Breakdance (mit Figuren und Akrobatik), der Locking (ein Tanz mit übertriebenen Bewegungen) und der Popping (abgehackte Bewegungen im Rhythmus der Musik).

Meine besonderen Merkmale:
Ich bin nicht nur ein Tanz, sondern eine Stilrichtung. Zur Hip-Hop-Kultur gehören auch Malerei (Graffitis und Tags), Musik (der Rap), Mode und eine eigene Hip-Hop-Sprache.

Für einen Sprung beugt der Tänzer die Knie, um Schwung zu holen.

Mit Schwung aus den Knien

An der Stange übt man die Pliés. Dabei werden die Knie langsam gebeugt, ohne die Fersen vom Boden abzuheben. Früher wurden viele verschiedene Pliés geübt und die Ballettlehrer gaben genaue Anweisungen: „ein wenig beugen", „die Beugung nur andeuten", „ganz langsam beugen", „etwas nach unten beugen". Pliés sind wichtig zum Lockern und Dehnen, für das Abspringen und zum Abpuffern der Landung auf dem Boden. Sie gehören zu den Grundbewegungen des Balletts, genau wie das richtige Abheben und Absenken der Füße. Beim „Grand Plié" heben sich die Fersen etwas vom Boden ab. Viele Sprünge, Schritte und Drehungen beginnen und enden mit einem Plié.

Im Ballett „Romeo und Julia" vollführen die Tänzer einen Entrechat, ein Sprung, bei dem die Füße einmal oder mehrmals gekreuzt werden.

Drehungen, Pirouetten und Kapriolen

Egal ob auf einem oder auf zwei Füßen, am Boden oder in der Luft, bei einer Drehung dreht sich der Tänzer um sich selbst. Der Körper bleibt aufrecht, die Arme wirken wie ein Pendel, dadurch kann die Balance gehalten werden. Die Pirouette ist eine komplette Drehung um die eigene Körperachse, meist auf einem Bein, häufig auf der Fußspitze. Gute Tänzer können sich bis zu vier Mal hintereinander drehen, ohne abzusetzen. Beim Sprung, egal ob an Ort und Stelle oder in der Bewegung, gibt es je nach Tempo und Höhe verschiedene Varianten: Katzensprung, Hirschsprung, Soubresaut, Echappée oder Entrechat. Der Grand Jeté ist der spektakulärste Sprung. Man glaubt, der Tänzer würde fliegen.

Diese Tänzerin im Bühnenkostüm dreht sich auf einer Fußspitze einmal um sich selbst.

Diese jungen Tänzer üben den Grand Jeté, einen weiten Sprung nach vorne, bei dem sie in der Luft einen Spagat machen!

Schwebend tanzen

Berühmte Ballettstücke erzählen oft Liebesgeschichten. Die Zuschauer warten gespannt auf den Moment, in dem die Helden gemeinsam auftreten, denn im Duett werden oft komplizierte oder spektakuläre Figuren getanzt. Dazu gehören auch Hebefiguren, bei denen der Partner oder die Partnerin in die Luft gehoben wird. Die beiden Tänzer müssen dazu in perfektem Gleichklang sein, was eine besonders hohe Konzentration erfordert. Beim Modern Dance oder beim Jazztanz werden Hebefiguren nicht nur im Duett, sondern oft von einer größeren Gruppe von Tänzern ausgeführt.

Im Jazztanz finden sich oft spektakuläre Hebefiguren, wie diese akrobatische Rock 'n' Roll-Figur. Die Partner müssen hochkonzentriert sein und ihre Bewegungen perfekt aufeinander abstimmen.

Ein Abend in der Oper

Im Mittelalter sorgten Hofnarren für die Unterhaltung an den Fürstenhöfen. Im 15. Jahrhundert waren die Feste in den Schlössern die Höhepunkte des Jahres. Musiker spielten für die Gäste zum Tanz auf.
In Italien gab es schon damals Tanzlehrer, die den Tänzern die richtige Haltung beibrachten, nicht zuletzt die korrekte Stellung der Füße. Die Tanzaufführungen mit Musik und Gedichten fanden in der Oper statt und dauerten Stunden, zum großen Vergnügen der adligen Herrschaften. Das Ballett, abgeleitet vom italienischen Wort „ballo" (Tanz), war geboren.
In Frankreich nahm sogar König Ludwig XIV. persönlich an den Aufführungen teil und tanzte und spielte auf der Bühne. Er schuf die Académie Royale de Danse, aus der später das Ballet de l'Opéra de Paris entstanden ist.

Die Tänzer Gary Avis und Johna Loots vom Royal Ballet im berühmten Tanzmärchen „Der Nussknacker" von Tschaikowsky hier im Royal Opera House in London.

Der Walzer

Meine Geburtsstunde:
Ich wurde im 19. Jahrhundert in Europa geboren.

Meine Wurzeln:
Ich stamme aus österreichischen und deutschen Volkstänzen, für die Drehbewegungen typisch sind. Mein Name kommt von dem deutschen Wort „walzen", was „drehen" bedeutet.

Meine Verwandten:
Der Ländler, die Musette, die schneller getanzt wird, und der Tangowalzer, der einen anderen Rhythmus hat.

Meine besonderen Merkmale:
Ich bin ein Paartanz und habe den „Pas de Deux" im Ballett inspiriert.

Was ist eine Ballettpantomime?

1: Ein Ballett ohne Tänzer
2: Eine Aufführung ohne Musik
3: Ein Ballett, das mit Tanz und Pantomime eine Geschichte erzählt

Eine Ballettpantomime ist ein Ballett, das mit Tanz und Pantomime eine Geschichte erzählt.

Die Tänzer des Royal Ballet stellen in „Peter und der Wolf" pantomimisch die Angst dar, aufgeführt im Royal Opera House in London.

Vorhang auf!

Seitdem selbst Könige Gefallen daran gefunden hatten, war Tanzen ein richtiger Beruf geworden. Sogar Frauen konnten Tänzerinnen werden und auf der Bühne eine Rolle spielen! Sie durften auf Korsett und Reifrock verzichten, die sie beim Tanzen behindert hätten. Im 18. Jahrhundert kam die Ballettpantomime auf, eine getanzte Geschichte, bei der die Darsteller besonderen Wert auf die Vermittlung von Gefühlen legten. Im 19. Jahrhundert entstanden romantische Ballette mit entsprechenden Kostümen. Die Tänzerinnen trugen lange rosafarbene oder weiße Ballettröcke und Satinschuhe, die an der Spitze verstärkt waren. Die Ballettstücke erzählten ganze Geschichten, manchmal auch Märchen und Sagen mit Feen, Prinzen und Prinzessinnen.

Die Tänzer des Mariinsky-Balletts verbeugen sich am Ende der Aufführung in der Eremitage im russischen Sankt Petersburg.

Die Stücke

Heute ist ein Ballett ein Bühnenstück, bei dem sich Tanz, Musik, Gesang und gesprochener Text vereinen, unterstützt von der Bühnentechnik, die es erlaubt, die Kulissen zu verändern. Im Zentrum der Aufführung kann ein bestimmtes Thema stehen, das in Episoden untergliedert ist, oder beispielsweise ein Märchen. Im 19. Jahrhundert hat der russische Komponist Pjotr Iljitsch Tschaikowsky, die Musik zu „Der Nussknacker", „Dornröschen" und „Schwanensee" geschrieben. Diese Werke gehören zu den berühmtesten und meist gespielten Ballettstücken der Welt, mit fantasievollen Kulissen, prächtigen Kostümen und immer wieder neuen Interpretationen.

Tänzerinnen des American Ballet Theater tanzen im Tutu die Schwäne in „Schwanensee" von Tschaikowsky hier im London Coliseum.

Held und Heldin

In einem klassischen Ballettstück gibt die erste Szene Hinweise auf den Schauplatz, die Atmosphäre und die handelnden Personen. Oft sind auch viele Nebendarsteller dabei, die dann aber von der Bühne gehen. Der Held und die Heldin, meistens ein Liebespaar, bleiben alleine zurück und tanzen ein „Pas de deux". Das ist ein Duett, das in verschiedene Phasen unterteilt ist. Das Paar beginnt mit einem „Adage", einem harmonischen, ausdrucksvollen Tanz, danach tanzt jeder eine Variation davon. Am Ende finden Tänzer und Tänzerin zu einer „Coda" zusammen, dabei ist die Musik schneller und rhythmischer. Ganz am Schluss steht meist eine schwierige Hebefigur.

Sarah Lamb und Eric Underwood vom Royal Ballet beim Pas de deux aus dem Ballettstück „Limen" des Choreografen Wayne McGregor.

Von der Elevin zur Primaballerina

Etwa mit zehn überlegt sich mancher Schüler, Profitänzer zu werden. Aber um dieses Ziel zu erreichen, muss man viele Opfer bringen. Die hauseigene Ballettschule der Opéra de Paris bildet zukünftige Tänzer aus. Sie besteht seit 300 Jahren und ist die älteste Ballettschule der Welt. Im Mittelpunkt der Ausbildung standen lange Zeit die Sprünge, dafür war sie auch berühmt. Nach und nach sind weitere renommierte Ballettschulen entstanden. Die berühmtesten sind in Italien, Dänemark und Russland. Jede hat ihren besonderen Schwerpunkt, wie zum Beispiel die Pantomime, die Geschwindigkeit der Schrittfolge oder die Anmut der Bewegung.

Keine Atempause für die Ballettschülerinnen der Opéra de Paris! In ihren weißen Ballettanzügen üben sie an der Stange immer und immer wieder den Stand auf den Fußspitzen.

Wie nennt man eine ausgebildete Elevin?

1: Löwin
2: Tigerin
3: Katze

Das klassische Ballett

Meine Geburtsstunde:
Ich wurde im 15. Jahrhundert an Fürstenhöfen in Italien geboren.

Meine Wurzeln:
In der ganzen Welt berühmt wurde ich durch König Ludwig XIV., der im 17. Jahrhundert die Académie Royale de Danse gegründet hat.

Meine Verwandten:
Höfische Tänze.

Meine besonderen Merkmale:
Die fünf Grundpositionen der Füße und Arme ermöglichen unzählige Schrittkombinationen.

Wenn eine Elevin die Ausbildung abgeschlossen hat, nennt man sie „Tigerin".

Junge Tänzerinnen

Die Elevinnen der École de l'Opéra de Paris nannte man früher „Ballettratten". Der Begriff ist von der letzten Silbe des Wortes „opéra" abgeleitet, hatte aber auch mit den harten Lebensbedingungen im 19. Jahrhundert zu tun. Die Schülerinnen aus armen Familien verdienten mit dem Tanzen auf der Bühne ein bisschen Geld, was aber ihre Situation nicht wesentlich verbesserte. Wenn sie ihre Ausbildung beendet hatten und richtige Tänzerinnen waren, nannte man sie „Tigerinnen". Heute ist das natürlich anders. Die Arbeitsbedingungen haben sich gewandelt, doch die École de l'Opéra de Paris ist immer noch die beste Adresse, um eine Primaballerina zu werden, ein Titel, den nur Tänzerinnen mit außergewöhnlichen Fähigkeiten tragen dürfen.

Heute liegt die Ballettschule der Opéra de Paris in einem Vorort namens Nanterre. Die „Rats" trainieren in modernen Gebäuden mit zahlreichen Übungsräumen.

Die Schüler der Tanzschule der Opéra de Paris üben das Ballett „Coppélia" nach einer Choreografie von Pierre Lacotte, zusammen mit den Solotänzern Marie Varlet, Germain Louvet und Natan Bouzy.

Die Anforderungen

Mit acht Jahren können Kinder in die Tanzschule der Opéra de Paris eintreten, vorher müssen sie eine Aufnahmeprüfung machen. Für das klassische Ballett müssen bestimmte körperliche Voraussetzungen erfüllt sein: lange, gerade Beine und stabile Knie, belastbare Sehnen, damit man sich gut beugen und strecken kann. Die Mädchen dürfen nicht größer als 1 Meter 35 sein und nicht mehr als 25 Kilo wiegen. Bei den Jungen liegt die Gewichtsgrenze bei 28 Kilo. Wer diesen Anforderungen nicht genügt, sollte sich lieber bei anderen Schulen bewerben oder auf andere Tanzstile ausweichen. Beim Modern Dance zum Beispiel gibt es für den Körperbau keine festen Regeln.

Martin Chaix und Alexandra Cardinale üben den Katzentanz aus „Dornröschen", in der Inszenierung von Rudolf Nurejew für das Ballettensemble der Opéra de Paris.

Die Ausbildung

Musik, Pantomime, Schauspiel, Anatomie und Gymnastik sind die Fächer, die an der Schule der Opéra de Paris unterrichtet werden. Dazu kommen klassisches Ballett, Jazztanz, Modern Dance und Volkstanz. Die Ausbildung dauert etwa zehn Jahre. Danach wird der eine oder andere Tänzer Mitglied einer Ballettkompanie oder eines Ensembles. Aber nicht alle Tänzer sind gleich gut. In einem Ballett werden die Rollen nach dem Leistungsvermögen der Tänzer verteilt. Es gibt drei Kategorien: die ersten Solisten mit der Primaballerina und dem Meistertänzer an der Spitze, die Solotänzer und schließlich der Rest des Ensembles, das „Corps de ballet".

Die Primaballerina Agnès Letestu in ihrer Garderobe vor der Generalprobe „Schwanensee" an der Opéra Garnier in Paris.

Eine starke Truppe

Ein Theater, Musik, Tänzer; für eine gelungene Aufführung müssen viele Elemente zusammenpassen. Tänzer und Musiker brauchen die Unterstützung eines Teams von Spezialisten. Die einen kümmern sich um die Kostüme, andere um die Kulissen, wieder andere um Licht und Ton oder die Verwaltung. Die Mitarbeiter in der Verwaltung sorgen für die Bezahlung der Künstler, halten Kontakt zur Presse, drucken die Plakate und gestalten die Programme. Zwischen der Idee für eine Choreografie und der Umsetzung auf der Bühne liegen oft Jahre.

Eine Aufführung muss gut vorbereitet werden. Die Tänzer proben die Choreografie auf der Bühne.

Was ist ein Choreograf?

1: Der Gestalter der Schritte und Tänze
2: Ein Musikinstrument
3: Ein Spezialstift, mit dem man die Tanzschritte notiert

Modern Dance

Meine Geburtsstunde:
Ich wurde im 20. Jahrhundert in Europa und den USA geboren.

Meine Wurzeln:
Durch Tänzerinnen, die mehr wollten als nur Spitzentanz und Tutu, habe ich mich vom klassischen Ballett entfernt. Ich erzähle keine Geschichten mehr, sondern zeige nur die Schönheit und Anmut der Bewegung.

Meine Verwandten:
Der Jazztanz.

Meine besonderen Merkmale:
Ich biete den Tänzern viel Freiheit bei der Wahl ihrer Bewegungen. Statt schwebendem Spitzentanz setze ich auf erdverbundene, schwung- und kraftvolle Elemente.

43

Der Choreograf denkt sich die Schritte und Tänze aus.

Künstlerische Arbeit

Ganz früher tanzte jeder so, wie er es für richtig hielt. Im 16. Jahrhundert begann man an den Fürstenhöfen Italiens nach festen Regeln zu tanzen. Die Lehrer nannte man „Ballerini". Ihre heutigen Nachfolger, die Choreografen, sind für Ballettaufführungen unentbehrlich. Sie erfinden Tänze und Schrittfolgen. An der Opéra de Paris werden sie von Ballettmeistern unterstützt, welche die Choreografien mit den Tänzern üben. Beim klassischen Ballett gibt es kein Drehbuch: Schritte, Drehungen und Sprünge werden vorgemacht und dann von den Tänzern einstudiert.

Die Ballettmeisterin unterstützt den Choreografen. Hier beobachtet sie junge Tänzerinnen, die mit einem Pianisten üben.

Üben, üben, üben

Um an einer Ballettaufführung teilnehmen zu dürfen, müssen die Tänzer beim Choreografen vortanzen. Er gibt ihnen eine Schrittfolge vor oder bittet sie, zu einem Thema Schritte und Bewegungen zu improvisieren, wie zum Beispiel zu Wasser, Wald, Freude oder Trauer. Nach mehreren Prüfungsrunden werden die Tänzer ausgewählt und die Proben für die Aufführung beginnen. Sie können zwischen zwei und sechs Monaten dauern. Manche Choreografen wissen genau, was sie wollen, noch bevor die Tänzer überhaupt auf der Bühne stehen. Andere entwickeln die Schritte und Bewegungen mit den Tänzern zusammen.

In professionellen Tanzschulen muss man jedes Jahr eine Prüfung ablegen, um ins nächsthöhere Semester zu kommen. Wie diese 15-jährigen Tänzerinnen der National Ballet School in Toronto, Kanada.

Tänzerinnen des Sewastopol-Balletts zeigen vor Grundschülern in Santa Rosa, USA, Sprünge aus dem Ballett „Der Nussknacker" von Tschaikowsky

Nichts geht ohne Musik

Im zeitgenössischen Tanz gibt es Stücke, die nur mit Geräuschen begleitet werden oder ohne jede Begleitung auskommen. Nur die Schritte der Tänzer sind zu hören. Ein klassisches Ballett ohne Musik ist dagegen nur schwer vorstellbar, denn hier ist die Musik Teil der Choreografie. Das Zusammenspiel von Musik und Tanz trägt zur Schönheit des Stückes bei und bringt Gefühle zum Ausdruck. Im Opernhaus kann man das Orchester nicht sehen, es spielt im Orchestergraben unterhalb der Bühne. Die Musiker und die Tänzer müssen gemeinsam proben, um rhythmisch im Gleichklang zu sein.

Im Opernhaus begleiten die Musiker aus dem Orchestergraben die Ballettaufführung.

Tanzen vor Publikum

In vielen Städten werden Ballettstücke im Theater aufgeführt. Manche Theater sind mehrere hundert Jahre alt. Der Innenraum sieht oft ähnlich aus. Vorne gibt es eine erhöhte Bühne, die durch einen Vorhang verschlossen werden kann. Das Publikum sitzt in Reihen hintereinander, die leicht ansteigen. Dadurch kann jeder ungehindert über den Kopf des Vordermannes die Bühne und die Tänzer sehen. Es gibt verschiedene Preiskategorien für die Plätze. Sitze an den Seiten oder auf dem Balkon sind günstiger, weil man von dort nicht so gut sieht. Ballettaufführungen gibt es aber auch auf Tanzfestivals, auf öffentlichen Plätzen, auf der Straße oder sogar auf Hochhausdächern.

Bühnenbild, Licht, Musik; alles muss bereit sein! Auch das Kostüm sollte man vor der ersten Aufführung schon einmal anprobiert haben, wie diese junge Tänzerin bei der Vorbereitung.

Der Bauchtanz

Meine Geburtsstunde:
Ich bin schon seit Urzeiten Teil religiöser Feste, besonders in Ägypten. Richtig bekannt geworden bin ich im 10. Jahrhundert.

Meine Verwandten:
Es gibt verschiedene Stile, der wichtigste heißt „Sharqi". „Baladi" und „Saïdi" sind volkstümlicher, während der Tribalstyle in den 1980ern in den USA entstand.

Meine besonderen Merkmale:
Ich bewege einzelne Körperteile unabhängig voneinander: Hüften, Schultern, Arme. Meine Bewegungen werden von den älteren Tänzerinnen an die jüngeren weitergegeben.

Was sind Spitzenschuhe?

1: Ganz besonders tolle Schuhe zum Tanzen
2: Die Lieblingsschuhe der Primaballerina
3: Ballettschuhe mit versteifter Spitze

47

Spitzenschuhe sind vorne versteifte Tanzschuhe.

Der Spitzentanz

Seit Mitte des 19. Jahrhunderts kann man sich eine Ballettaufführung ohne Spitzentanz nur schwer vorstellen. Doch bereits Jahrhunderte zuvor hatten in Neapel Männer auf Jahrmärkten Tänze vorgeführt, bei denen sie sich die ganze Zeit nur auf den Fußballen bewegten. Geholfen haben ihnen dabei steife Halbschuhe. Frauen entwickelten später in weicheren und vorne verstärkten Schuhen eine neue Technik. Sie tanzten sogar auf den Fußspitzen! Dafür muss man sehr lange und intensiv üben. Die Spitzenschuhe werden meistens per Hand aus Satin, Leinen, Pappe und Klebstoff hergestellt und sind sehr empfindlich. Während eines Balletts wie „Schwanensee" braucht eine Ballerina mindestens drei Paar Spitzenschuhe.

Spitzenschuhe werden nur von Frauen getragen. Der Spitzentanz ist charakteristisch für das klassische Ballett, wie hier in „Strictly Gershwin" in der Choreografie von Derek Deane, getanzt vom English National Ballet in der Londoner Royal Albert Hall.

Der Choreograf Nicolas Le Riche hat für „Caligula" in der Opéra Garnier in Paris grau-schwarze Ballettkostüme gewählt, die sehr nach Science-Fiction aussehen.

Die Kostüme

1832 hatte die Ballerina Marie Taglioni die Idee, sich ihr Kostüm von einem Maler entwerfen zu lassen. Ihr weiter hellblauer Seidenrock war mit Blumen und Schmetterlingsflügeln bemalt. Der erste Tutu war geboren!
Der Tutu wurde zum Symbol des klassischen Balletts. Seit Beginn des 20. Jahrhunderts werden Bühnenkostüme oft von Künstlern oder berühmten Modedesignern entworfen. Was Schnitt, Verzierungen und Materialien angeht, ist fast alles möglich. Manche tanzen einfach nur in einem Gymnastikanzug oder sogar nackt! Die Kostümbildner sollen mit ihren Ideen die Choreografie optisch umsetzen.

Die Generalprobe

Der Choreograf arbeitet auch mit den Bühnenbildnern und den Beleuchtern eng zusammen. Wenn das Datum der Premiere näher rückt, kommt die ganze Truppe zusammen und koordiniert ihre Arbeit. Das kann einige Zeit dauern. Man nennt das „Durchlaufprobe". Darauf folgt die Generalprobe. Dabei werden letzte technische Details abgestimmt und Probleme behoben. Man feilt etwa noch an der Geschwindigkeit des Kulissenwechsels oder am Zusammenspiel von Tänzern und Orchester. Das Ziel der ganzen Mühen ist schließlich die erste Aufführung vor Publikum, die Premiere. Und wenn sie ein Erfolg ist, folgt vielleicht sogar eine Tournee rund um die Welt? Träumen ist erlaubt!

Hausdächer, Straßen, öffentliche Parks ... die Amerikanerin Trisha Brown ist bekannt für ihre Aufführungen an ungewöhnlichen Orten, wie hier in einem Park in Paris, dem Jardin des Tuileries.

Kilian Smith, Laurine Muccioli, Sergei Polunin und Chisato Katsura, vom Royal Ballet, in ihren Vogel-, Wolf- und Katzenkostümen in „Peter und der Wolf" am Royal Opera House in London.

Tänze rund um die Welt

Nicht überall ist Tanzen bloß eine Kunstform. In vielen Kulturen gibt es heilige Tänze, die von Generation zu Generation weitergegeben werden. Sie begleiten die Menschen durchs Leben. Getanzt wird zu traurigen oder fröhlichen Anlässen. Schamanen oder Medizinmänner führen rituelle Tänze aus, damit Regen fällt, die Ernte gut wird oder ein Kranker geheilt werden kann. Oft wird in religiösen Tänzen eine Verbindung zwischen den Lebenden und den verstorbenen Vorfahren hergestellt. Man kann auch tanzend beten.

Junge Balinesinnen, die von ihren Dörfern dafür ausgewählt werden, lernen den Legong, einen traditionellen Tanz ihrer Heimat.

Der Butoh

Meine Geburtsstunde:
Ich bin Ende der 1950er-Jahre in Japan entstanden.

Meine Wurzeln:
Ich verbinde Elemente des traditionellen japanischen Tanztheaters mit Formen des europäischen Ausdruckstanzes.

Meine Verwandten:
Zeitgenössische Tänze wie der Modern Dance.

Meine besonderen Merkmale:
Bei mir steht die Improvisation im Vordergrund. Die Choreografen erfinden für jeden Auftritt neue Tanzformen. Ich werde mit rasiertem Kopf und fast nacktem, weiß geschminktem Körper getanzt.

Warum erinnern rituelle Tänze manchmal an Kämpfe?

1: Weil man seinen Mittänzer besiegen muss
2: Weil man dabei Schwerter tragen darf
3: Weil die Tänzer sich herausfordern, um zu sehen, wer der Beste ist

Rituelle Tänze erinnern an Kämpfe, weil sich die Tänzer herausfordern, um zu sehen, wer der Beste ist.

Von einem Kontinent zum anderen

Rituelle Tänze tragen oft dazu bei, Gemeinschaften enger zusammenzuschweißen und Mut und Durchhaltevermögen zu stärken. Die Schwarzafrikaner, die als Sklaven nach Amerika und Brasilien verkauft wurden, haben versucht, über die Musik eine Verbindung zu ihrer Heimat aufrechtzuerhalten. Sie vermischten ihre traditionellen Tänze mit den Tänzen ihrer neuen Heimat. Auf diese Weise entstanden der Samba, die Capoeira und viele aus dem Jazz hervorgegangenen Tänze wie Mambo, Ragtime, Stepptanz, Swing oder Charleston.

Bei den Turkana, einem Nomadenvolk aus Kenia, präsentiert jeder mit Gesang und Tanz die Vorzüge seines Lieblingsrinds.

Heimweh

In Argentinien waren es Einwanderer aus Europa, die Musik aus der alten Heimat hörten, um sich an glückliche Momente aus der Vergangenheit zu erinnern und sich von der harten Arbeit abzulenken. Da nur sehr wenige Frauen darunter waren, tanzten die Männer miteinander, egal ob es Italiener, Spanier, Polen oder osteuropäische Juden waren. Sie vermischten Akkordeonmelodien mit kreolischen und afrikanischen Rhythmen und schufen so den Tango, der zu einem Symbol Argentiniens wurde. Der Tango ist ein Paartanz. Die Abfolge der Schritte kann nach Regeln gelernt oder auch einfach improvisiert werden.

Der Tango ist ein argentinischer Gesellschaftstanz. Man tanzt ihn zu zweit, entweder nach festgelegter oder improvisierter Schrittfolge.

Während der Karnevalsumzüge präsentieren die Sambaschulen von Rio de Janeiro in farbenfrohen Kostümen die Tänze, die sie das ganze Jahr einstudiert haben.

Für ambitionierte junge Tänzer gibt es viele Gelegenheiten, ihr Talent zu präsentieren, zum Beispiel beim Hip-Hop, Jazztanz oder bei Gesellschaftstänzen.

Ganz allein

Getanzt wird nicht nur auf der Opernbühne. Gesellschaftstänze wie Polka, Salsa oder Rock 'n' Roll kann jeder lernen. Ganz früher wurde in der besseren Gesellschaft meistens mit gebührendem Abstand zueinander getanzt. Es galt als unschicklich, wenn sich die Tänzer dabei allzu nahe kamen. Im 19. Jahrhundert führte dann der Walzer, der paarweise bei Bällen oder zu festlichen Anlässen getanzt wurde, die Tanzenden zusammen. Mit dem Aufkommen des Jazz änderte sich alles. Nun war es kein Problem mehr, eng miteinander oder auch ganz ohne Partner zu tanzen. Egal, ob Twist, Jerk oder Disko – ein gutes Rhythmusgefühl genügt!

Das große Tanz-Quiz

Jetzt weißt du alles über das Tanzen! Du hast viel über klassisches Ballett, den Modern Dance, den Tango, die Capoeira und den Jazztanz erfahren. Auf den folgenden Seiten erwarten dich einige Fragen, auf die du die richtigen Antworten finden sollst. Und wenn du dir nicht mehr ganz sicher bist, blättere ruhig noch mal zurück!*

Wie fange ich an?

Welches „Instrument" benutzt ein Tänzer?
1: seine Geige
2: seinen Pinsel
3: seinen Körper

Was hat Irène Popard erfunden?
1: eine stimulierende und motivierende Gymnastik
2: eine harmonische und rhythmische Gymnastik
3: eine Gymnastik für Pferde

Mit welchem Alter kann man mit schwierigeren Übungen beginnen?
1: mit drei Jahren
2: mit acht Jahren
3: mit zwölf Jahren

Das Tanzstudio

Der Holzboden erlaubt es den Tänzern, über den Boden zu gleiten,
1: weil er weich ist
2: weil er mit einer speziellen Beschichtung versehen ist
3: weil er glatt und elastisch ist

Früher übten die Tanzschüler
1: mit einem Baumstamm
2: mit Tischen und Stühlen
3: mit einem Besenstiel

Um seine Haltung zu korrigieren, kann man
1: seinen Lehrer fragen
2: sich in alle Richtungen verbiegen
3: sich im Spiegel betrachten

54

*Die Lösungen findest du auf S. 58

Richtig angezogen von Kopf bis Fuß

Was ist ein Gymnastikanzug?
1: ein enges Kleidungsstück, das von den Schultern bis zu den Füßen reicht
2: ein Oberteil, das besonders warm hält
3. eine Trainingshose

Mit welchen Schuhen kann man am besten Hip-Hop tanzen?
1: mit hochhackigen Schuhen
2: mit Gummistiefeln
3: mit Turnschuhen

Warum müssen zum Tanzen die Haare zusammengebunden werden?
1: damit sie nicht zerzaust sind
2: damit sich keine Löckchen bilden
3: damit sie die Augen nicht verdecken

Es geht los!

Vor dem Üben sollte man
1: seinen Körper aufwärmen
2: richtig wach sein
3: keinen Drehwurm bekommen

Wie viele Grundpositionen gibt es im Ballett?
1: fünf
2: sieben
3: zwölf

Beim Flamenco dienen die Hände auch als
1: Zupfinstrument
2: Blasinstrument
3: Schlaginstrument

Schritt für Schritt

Das Balletttraining wird nach dem Üben an der Stange
1: am Rand
2: in der Mitte
3: in einer Ecke
des Raumes fortgesetzt.

Ohne sich an der Stange festzuhalten, müssen die Tänzer
1: die Balance finden
2: ihre Ballettschuhe binden
3: ihren Teller ausessen

Zu Beginn des 20. Jahrhunderts gab es in den USA einen Tanz mit Namen
1: Bärentanz
2: Zebratrab
3: Nilpferdgalopp

Sprünge und Drehungen

Wie heißt der erste Sprung, den die Ballettschüler lernen?
1: Le petit Spaghetto
2: Le petit Rigolo
3: Le petit Allegro

Die besten Tänzer können sich wie oft um sich selbst drehen?
1: viermal hintereinander
2: sechsmal hintereinander
3: achtmal hintereinander

Welche Geschichten erzählen die berühmtesten Ballettstücke?
1: Abenteuergeschichten
2: Kriegsgeschichten
3: Liebesgeschichten

Ein Abend in der Oper

Wer trug früher zur Erheiterung der Königinnen und Könige bei?
1: Hofnarren
2: Ritter
3: Prinzessinnen

Welche Akademie hat Ludwig XIV. in Frankreich gegründet?
1: die königliche Puppenspiel-Akademie
2: die königliche Tanz-Akademie
3: die königliche Zirkus-Akademie

Was ist ein Ballett?
1: eine Theateraufführung ohne Musik
2: ein Tanzstück mit Musik, Gesang und gesprochenem Text
3: eine Vorstellung mit dressierten Tieren

Von der Elevin zur Primaballerina

Die Ballettschule der Pariser Oper war spezialisiert auf
1: Sprünge
2: Mimik
3: Purzelbäume

Die Ballettschüler der Opéra de Paris nannte man „Ballettratten"
1: wegen der dort lebenden Katzen
2: wegen der vielen Ratten hinter den Kulissen
3: wegen der letzten Silbe des Wortes „opéra"

Ab welchem Alter kann man in die Ballettschule der Opéra de Paris eintreten?
1: mit der Geburt
2: mit fünf Jahren
3: mit acht Jahren

Eine starke Truppe

Im 16. Jahrhundert gab es in Italien die „Ballerini". Sie waren:
1: Hersteller von Tanzschuhen
2: Tänzer, die den Adligen Tipps fürs Tanzen gaben
3: Nudeln in Form von Tutus

Wer gestaltet die Schrittfolgen im Ballett?
1: der Choreograf
2: der Stenograf
3: der Kartograf

Wo sitzt das Orchester in der Oper?
1: auf dem Dach
2: hinter den Kulissen
3: im Orchestergraben

Tanzen vor Publikum

Im Theater ist der Zuschauerraum
1: eben
2: leicht ansteigend
3: stark ansteigend

Aus welchen Materialien bestehen Spitzenschuhe?
1: aus Geschirrtüchern, Zeitungen und Sägespänen
2: aus Satin, Leinen, Pappe und Klebstoff
3: aus Holz, Zement und Gips

Wie wird die Generalprobe noch genannt?
1: Verbindungsprobe
2: Verknüpfungsprobe
3: Durchlaufprobe

Tänze rund um die Welt

Der traditionelle Tanz auf Bali heißt
1: Legong
2: Lecourt
3: Lemoyen

Welcher Tanz ist ein Symbol für Argentinien?
1: der Flamenco
2: der Tango
3: der Rock 'n' Roll

Wie nennt man die Tänze, die auf Bällen getanzt werden?
1: Gesellschaftstänze
2: Fernsehballett
3: Filmtanz

Lösungen

Wie fange ich an?
- Ein Tänzer drückt sich mit seinem Körper aus.
- Irène Popard hate eine harmonische und rhythmische Gymnastik erfunden.
- Mit acht Jahren kann man mit schwierigeren Übungen beginnen.

Das Tanzstudio
- Der Holzboden erlaubt es den Tänzern, über den Boden zu gleiten, weil er glatt und elastisch ist.
- Früher übten die Tanzschüler mit Tischen und Stühlen.
- Um seine Haltung zu korrigieren, kann man sich im Spiegel betrachten.

Richtig angezogen von Kopf bis Fuß
- Ein Gymnastikanzug ist ein enges Kleidungsstück, das von den Schultern bis zu den Füßen reicht.
- Mit Turnschuhen kann man am besten Hip-Hop tanzen.
- Beim Tanzen werden die Haare zusammengebunden, damit sie die Augen nicht verdecken.

Es geht los!
- Vor dem Üben sollte man seinen Körper aufwärmen, um die Verletzungsgefahr zu vermindern.
- Im Ballett gibt es fünf Grundpositionen.
- Beim Flamenco dienen die Hände auch als Schlaginstrument.

Schritt für Schritt
- Das Balletttraining wird nach dem Üben an der Stange in der Mitte des Raumes fortgesetzt.
- Ohne sich an der Stange festzuhalten, müssen die Tänzer die Balance finden.
- Zu Beginn des 20. Jahrhunderts gab es in den USA den Bärentanz.

Sprünge und Drehungen
- Der erste Sprung, den die Ballettschüler lernen, ist der „petit allegro".
- Die besten Tänzer können sich viermal hintereinander um sich selbst drehen.
- Die berühmtesten Ballettstücke erzählen Liebesgeschichten.

Ein Abend in der Oper
- Früher trugen Hofnarren zur Erheiterung der Königinnen und Könige bei.
- Ludwig XIV. gründete in Frankreich die königliche Tanz-Akademie.
- Ein Ballett ist ein Tanzstück mit Musik, Gesang und gesprochenem Text.

Von der Elevin zur Primaballerina
- Die Ballettschule der Pariser Oper war lange Zeit auf Sprünge spezialisiert.
- Die Ballettschüler der Opéra de Paris nannte man „Ballettratten" wegen der letzten Silbe des Wortes „opéra".
- Mit acht Jahren kann man in die Ballettschule der Opéra de Paris eintreten.

Eine starke Truppe
- Im 16. Jahrhundert gab es in Italien die „Ballerini". Sie waren Tänzer, die den Adligen Tipps fürs Tanzen gaben.
- Der Choreograf gestaltet die Schrittfolgen im Ballett.
- In der Oper sitzt das Orchester im Orchestergraben.

Tanzen vor Publikum
- Im Theater ist der Zuschauerraum leicht ansteigend.
- Spitzenschuhe bestehen aus Satin, Leinen, Pappe und Klebstoff.
- Die Generalprobe nennt man auch Durchlaufprobe.

Tänze rund um die Welt
- Der traditionelle Tanz auf Bali heißt *Legong*.
- Der Tango ist ein Symbol für Argentinien.
- Die Tänze, die auf Bällen getanzt werden, nennt man Gesellschaftstänze.

Glossar

Aufwärmen

Dabei werden die Muskeln gedehnt und so auf das Training vorbereitet.

Ballerina

Klassische Balletttänzerin.

Balletthaltung

Der Bauch wird nach innen gezogen, der Kopf, Nacken und Rücken sind gestreckt, die Schultern sinken nach unten – so sieht die richtige Körperhaltung aus, die den Tänzern die nötige Körperspannung gibt.

Choreograf

Der Choreograf wählt die Musik oder das Ballettstück aus. Dann überlegt er sich passende Schritte und Bewegungsabläufe.

Enchaînement

Die Schrittfolgen einer Choreografie, die sich wie die Glieder einer Kette aneinanderreihen.

Erste(r) Solist(in)

Die erste Solistin wird auch Primaballerina genannt. Der erste Solist heißt Meistertänzer. An der Opéra de Paris werden sie „Sterne" (Étoiles) genannt. Dieser Titel wird ihnen aber erst nach einer Aufführung verliehen, in der sie besonders brilliert haben.

Improvisation

Anders als im klassischen Ballett kann man in vielen Tänzen, zum Beispiel im Jazz Dance, im Hip-Hop oder auch im Tango, einfach drauflostanzen. Die Tänzer lassen sich dabei von ihren Gefühlen und ihrer Fantasie leiten.

Jeté

Sprung von einem Fuß auf den anderen.

Milieu

Der zweite Teil der Ballettstunde, er beginnt nach den Übungen an der Stange.

Pliés

Zu den ersten Übungen an der Stange gehören die Pliés, mit ihnen werden die Muskeln erwärmt und gedehnt. Auch viele Sprünge und Drehungen, die später von den Fortgeschrittenen geübt werden, beginnen mit einem Plié.

Proben

Bereits viele Monate vor der Aufführung lernen die Tänzer die Schrittfolgen und führen sie nach den Anweisungen des Choreografen aus.

Rhythmus

Die unterschiedlich langen Notenwerte, aus denen ein Musikstück besteht. Oft unterstützt der Rhythmus den Tanz.

Solist(in)

Tänzer und Tänzerinnen, die während der Aufführung alleine auf der Bühne tanzen.

Spitzenschuhe

Diese Ballettschuhe aus Satin ermöglichen es den Tänzern, auf den Fußspitzen zu tanzen. Der Spitzentanz ist eine für das Ballett typische Technik.

Tanzstudio

Ein Studio hat einen Parkettboden, Ballettstangen und Spiegel an den Wänden. Dort können die Tänzer Stunden nehmen oder für eine Choreografie proben.

Bildnachweis
(o=oben; u= unten; M=Mitte; l=links; r=rechts)

© Gamma-Rapho:
Nigel Norrington/Camerapress: 8f. (Elite Syncopations, Choreografie Kenneth MacMillan, Royal Opera House, London 2010),
28 u. (Le sacre du Printemps, Choreografie Kenneth MacMillan, Royal Opera House, London 2011), 29 o. (Requiem, Choreografie Kenneth
MacMillan, Royal Opera House, London 2011), 29 u. (Imã & Onqotô, Choreografie Rodrigo Pederneiras, Sadler's Wells, London 2011),
30 (Men in Motion, Choreografie Ivan Putrov, Sadler's Wells, London 2012), 34 (Der Nussknacker, Choreografie Peter Wright, Royal Opera
House, London 2007), 36 o. (Peter und der Wolf, Choreografie Matthew Hart, Royal Opera House, London 2010), 37 o. (Schwanensee,
Choreografie Kevin McKenzie, London Coliseum, London 2009), 37 u. (Limen, Choreografie Wayne McGregor, Royal Opera House,
London 2011), 48 o. (Strictly Gershwin, Choreografie Derek Deane, Royal Albert Hall, London 2011), 49 u. (Peter und der Wolf, Choreografie
Matthew Hart, Royal Opera House, London 2010); Philippe Body/Hoa-Qui: 13 o.; Song Weiwei/Xinhua: 15; Robert Llewellyn/Imagestate/
Hoa-Qui: 21 u.; Jean-Erick Pasquier: 38, 40 o., 44 o.; Sveea Vigeveno: 40 u. (Coppélia, Choreografie Pierre Lacotte, Opéra Garnier, Paris
2011), 41 u., 48 u. (Caligula, Choreografie Nicolas le Riche, Opéra Garnier, Paris 2011); Gerard Uferas: 41 o.; Xavier Zimbardo: 47 o.; Sylvain
Grandadam/Hoa-Qui: 50; Herve Bruhat: 51 (Unetsu, Choreografie Ushio Amagatsu, Théâtre de la Ville, Paris 1995); Xinhua: 53 o.

© Corbis:
Ariel Skelley: 17 u.; Ronnie Kaufmann: 19

© Getty Images:
Thinkstock Images: 10, 24 u., 25 o.; Igor Kisselev, www.close-up.biz: 11; David Handley: 12 o., 24 o.; Blend Images/Ariel Skelley: 12 u.;
Bruce Racine: 13 u.; Frank Siteman: 16 o.; Tony Hopewell: 16 u.; Aarn Lindberg: 20 u.; Bread and Butter: 22; Ruth Jenkinson: 25 u., 32 u.;
Three Images: 26; Ariel Skelley: 28 o.; David Sacks: 32; Stephen Simpson: 33; Claudia Goepperl: 39; Digital Vision: 42; Charlotte Nation: 46;
Nigel Pavitt: 52 o.; Buena Vista Images: 52 u.

© Photo 12.com:
Alamy: 14, 17 o., 20 o., 23, 27, 32 o., 32 M., 35, 36 u., 43, 44 u., 45 o., 53 u.

© Photononstop:
Mauritius: 18; Image Source RM: 21 o.; Massimo Pacifico/Tips: 45 u.

Impressum:
Bibliografische Information der Deutschen Nationalbibliothek: Die Deutsche Nationalbibliothek verzeichnet diese Publikation
in der Deutschen Nationalbibliografie. Detaillierte bibliografische Daten sind im Internet über http://dnb.d-nb.de abrufbar.
© 2014 Ravensburger Buchverlag Otto Maier GmbH
Postfach 1860, 88188 Ravensburg
für die deutsche Ausgabe
Alle Rechte, auch die des auszugsweisen Nachdrucks, der fotomechanischen Wiedergabe und der Übersetzung vorbehalten
Titel der Originalausgabe: Les arts de la danse
© 2012 Mango Jeunesse, 15-27 rue Moussorgski, 75018 Paris, Frankreich, www.fleuruseditions.com
Text: Caroline Laffon
Übersetzt aus dem Französischen: Hanne Leck-Frommknecht
Redaktion: Melinda Ronto
Umschlagfoto: Ocean/Corbis
Printed in Germany
ISBN 978-3-473-55384-6

www.ravensburger.de